Elias Hauck • Dominik Bauer • Michael Tetzlaff

Bin ich Jesus?

Die Kunst, nicht zu antworten

Verlag Antje Kunstmann

Inhalt

V »Da streiten sich noch die Gelehrten.«

Wie Sie antworten, wenn Sie ein Gespräch beenden wollen

VI »Aha.«

Wie sie antworten, wenn Sie mal nicht antworten wollen

Vorwort

Wie geht's Ihnen?

Sehen Sie, schon fühlen Sie sich in der Pflicht zu antworten.

Aber warum?

Da wären wir schon bei der zweiten Frage.

Wie viele kommen denn noch?, werden Sie sich jetzt selbst fragen. *Was wollen die von mir?*

Und schon ist es ganz kompliziert. Sie fragen sich!

Wie konnte es so weit kommen?

Dieses Buch ist Ihr Ausweg aus dem Teufelskreis der Fragen.

Der Fragen, die Ihnen täglich zuhauf gestellt werden, der Fragen, die Sie gar nicht beantworten wollen. Hören Sie auf, darüber nachzudenken!

Hier haben Sie sie: die Antworten auf alle Fragen!

Elias Hauck, Dominik Bauer, Michael Tetzlaff

Januar 2011

»Bin ich Jesus?«

Wie Sie antworten, wenn Sie keine Ahnung haben

Verstehe.

Hast du mich schon oft gefragt.

Hab ich mich auch schon oft gefragt.

Da bin ich vorsichtig.

Bin ich Jesus?

Da würdest du jetzt von zehn Leuten
zehn verschiedene Antworten kriegen.

Je nachdem.

Die Fragestellung ist schon falsch.

Gott würfelt nicht.

(Albert Einstein)

Spielen wir jetzt den ganzen Abend

Frage und Antwort?

Früher wärst du für so eine Frage gesteinigt worden.

Ja, ja, die Frage kenn ich.

Ansichtssache.

Das behaupten immer alle!

Das weiß ich jetzt auch nicht mehr.

Warum, warum! Warum ist die Banane krumm!

Du fragst Sachen.

Das steht auf einem anderen Blatt.

Du lenkst ab.

Die Antwort kannst du dir selbst geben.

Warum machst Du dir solche Gedanken?

Themenwechsel!

Können wir mal über was anderes reden?

Das wäre jetzt noch mal 'ne andere Frage.

Kann ich so aus dem Stegreif nicht sagen.

Du kannst einem aber auch Löcher
in den Bauch fragen.

Was du jetzt machst, ist Erbsenzählerei.

Das ist nicht das Thema.

Das ist nicht kriegsentscheidend.

Wir dürfen nicht Äpfel mit Birnen vergleichen.

Die Frage ist wieder so typisch für dich.

Wird das jetzt ein Verhör?

Das muss jeder selbst wissen.

Jetzt stellst du dich aber dümmer als du bist.

Da muss man Prioritäten setzen.

Das hängt davon ab.

Na und?

Drei Mal darfst du raten.

Das dürfte jedem klar sein.

Da ist aber einer neugierig.

Jetzt geht das wieder los!

Wir müssen doch nicht das Rad neu erfinden.

Mir liegt's auf der Zunge.

Nagel mich da mal nicht fest.

Dass dich das so beschäftigt.

Ich weiß genau, was du jetzt hören willst.

Dazu könnte ich dir jetzt einiges erzählen.

Das ist doch Jacke wie Hose.

Ist der Papst katholisch?

Schau'n mer mal.

(Franz Beckenbauer)

Da will's aber einer ganz genau wissen.

Das ist doch hier nicht die Frage!

Bin ich die Auskunft?

Ich komm gerade nicht drauf.

Wer will das denn wissen?

Jetzt kommen wir aber vom Hund aufs Stöckchen.

Ich hab da meine Meinung.

Das weiß kein Mensch.

Das weiß doch jedes Kind.

Das weiß nur der Herrgott.

Es gibt nicht nur Schwarz oder Weiß.

Das lässt sich nicht mit Ja oder Nein beantworten.

Das fragt der Richtige!

Das war neulich Thema bei Maischberger.

»Das wollte ich dich auch gerade fragen.«

Wie Sie antworten, wenn Sie Zeit gewinnen wollen

Da fragst du mich morgen noch mal.

Hab ich noch nie drüber nachgedacht.

Jetzt warten wir erst mal ab!

So schnell schießen die Preußen nicht.

Das sollte man noch mal klären.

Läuft.

Hab ich dir schon mal gesagt, dass du wunderschön bist, wenn du dich aufregst?

Nun mal langsam mit den jungen Pferden.

Moment! Noch mal von vorn!

Das erzähl ich dir mal in Ruhe.

Ich brauch erst mal ein Bier.

Das muss man erst mal sehen.

Ich brauch erst mal noch ein Bier.

Darauf komme ich später noch mal zurück.

Ich versteh nur Bahnhof.

Abwarten und Tee trinken.

Eine Schwalbe macht noch keinen Sommer.

(Aristoteles)

Das wollte ich dich auch gerade fragen.

Ist das so?

Wie bitte?

Sorry, ich hab gerade eine SMS gekriegt.

Das muss ich erst mal sacken lassen.

Man kann doch auf eine Frage
nicht mit einer Gegenfrage antworten.

Hach, schwierig.

Lass uns da mal drüber reden, wenn ich nüchtern bin!

Lass uns da mal drüber reden, wenn wir nüchtern sind!

Lass uns da mal drüber reden, wenn du nüchtern bist!

Das wäre nicht meine Formulierung.

(Johannes B. Kerner)

Das ist mir neu.

So hab ich das noch gar nicht gesehen.

Früher hätte ich diese Frage mit einem
klaren Ja beantwortet.

Da bräuchte ich mehr Details.

Wie meinen?

Das würde ich mir gut überlegen.

Schreib mir 'ne Mail. / Ich schreib dir 'ne Mail.

Ist das wichtig für dich?

Was, wenn ich jetzt Nein sage?

Die Frage stellst du mir doch nicht einfach so.

Das fragst du mich doch nicht ohne
Hintergedanken.

Wie sind wir jetzt überhaupt darauf gekommen?

Da musst du mir mal helfen.

Die Frage möchte ich erst mal zurückstellen.

Was sagt eigentlich deine Frau dazu?

Was sagt eigentlich dein Mann dazu?

Was, wenn ich jetzt Ja sage?

Das ist dir doch, wenn du ehrlich bist, ganz egal.

Um was geht's hier eigentlich?

Ich muss mal kurz.

Lass uns erst mal in die Karte gucken.

Schwer, sich da reinzuversetzen.

»Kann man machen.«

Wie Sie antworten, wenn Sie dem anderen ein gutes Gefühl geben wollen

Mein lieber Mann!

Kann man machen.

Da dürfte nix passieren.

Kommt Zeit, kommt Rat.

Davon hängt unser Leben nicht ab.

Da ist das letzte Wort noch nicht gesprochen.

Ja, man muss aufpassen.

Ich kann dich so gut verstehen.

Siehst du!

So sieht es mal aus.

Klingt ganz gut.

Interessanter Gedanke.

Ich weiß genau, worauf du hinauswillst.

Jetzt wird mir einiges klar. / Jetzt wird mir alles klar.

Da muss man nur eins und eins zusammenzählen.

Das kann man so sehen.

So weit, so gut.

Durchhalten.

Da sagst du was.

Wird schon schiefgehen.

Es geht de Mensche wie de Leut.

Lass dich mal feste drücken.

Ich weiß, was du dir denkst.

(Peter Alexander)

Wir sind doch erwachsene Menschen.

Ein Stück weit.

Wenn es sich für dich richtig anfühlt.

Wichtig ist, wie DU darüber denkst.

Alles kann, nichts muss.

Da spricht einiges dafür.

Hallo? Was sag ich denn immer?

Ich tue, was in meiner Macht steht.

Du kennst mich doch.

Das wird sich weisen.

Es führen viele Wege nach Rom.

Das finde ich so toll an dir, dass du mich so was dann auch ganz direkt fragst!

Da ist was dran.

Jetzt mal mal nicht den Teufel an die Wand.

Gute Frage.

Lass sie doch reden.

Die Frage muss man zumindest mal stellen dürfen.

Theoretisch ja.

Du weißt ja, wie's ist.

Es wird nichts so heiß gegessen, wie es gekocht wird.

Da müssen wir uns jetzt keinen Kopf machen.

»Lustig!«

**Wie Sie antworten, wenn Sie überhaupt
nicht wissen, wie Sie reagieren sollen**

Lustig!

Gibt's ja gar nicht.

Nee, oder?

Seh ich so aus?

Puh.

Da kannst du mal sehen.

Ach Gott, ach Gott!

Ich hab das jetzt mal überhört.

Jein! (Fettes Brot)

Wie redest du denn mit mir?

Starker Tobak.

Ich glaub das jetzt einfach mal so.

Muss man wollen.

Oho.

Was kann man da nur machen?

Ich glaub, ich steh im Wald.

Kann ich jemanden anrufen?

Ach komm.

Das kann doch nicht sein.

Das meinst du nicht ernst.

Du bist verrückt.

Echt?

Das muss ich mir nicht anhören!

Was ist denn das für eine Frage?

Willst du vielleicht noch meine Blutgruppe wissen?

Ah, oh, ah!

(Louis de Funes)

Netter Versuch.

Ich wusste, dass jetzt irgend so was kommt.

Mach mich nicht fertig.

Warum fragst du mich das?

Das bin ich ja noch nie gefragt worden!

Kein Kommentar.

Ich?

Du?

Meinst du das jetzt ironisch?

Bist du dir sicher, dass die Geschichte auch stimmt?

Uff.

Was soll ich denn da jetzt sagen?

Es gibt nichts, was es nicht gibt.

Ich wundere mich über gar nichts mehr.

Das wär mal ein Thema für Domian.

»Da streiten sich noch die Gelehrten.«

**Wie Sie antworten,
wenn Sie ein Gespräch beenden wollen**

Da drehen wir uns jetzt im Kreis.

Was immer ich jetzt sagen würde, wär ungerecht.

Kann man so pauschal nicht sagen.

Wie dem auch sei.

Ich möchte keine Namen nennen.

Über Geld redet man nicht.

Muss man mal googeln.

Dazu sag ich jetzt erst mal nix.

Ich muss los.

Dafür bin ich nicht zuständig.

Ich weiß von nichts.

Da gibt es wahrscheinlich genau so viele Argumente dafür wie dagegen.

Das müssen andere beurteilen.

Es kommt, wie es kommt.

Man kann es nicht allen recht machen.

Das könnte jetzt meine Tochter besser beantworten.

Das kann man niemandem vorschreiben.

Das ist jedem selbst überlassen.

Das liegt an dir.

Die einen sagen so, die anderen so.

C'est la vie.

Nix Genaues weiß man nicht.

Hat doch jeder seine Leiche im Keller.

Warum fragst du ihn das nicht selbst?

Darüber wird ein Gericht zu entscheiden haben.

Auf dem Ohr bin ich taub.

Das könnte man jetzt ewig so weiterspinnen.

Da könnte man Bücher drüber schreiben.

Du, die machen jetzt hier Feierabend.

Na dann.

Da fragst du mich zu viel.

Lebbe geht weider.

(Dragoslav Stepanović)

Mehr muss man dazu gar nicht sagen.

Da müsste ich raten.

Darüber müssen wir hoffentlich nicht diskutieren.

Da haben sich schon ganz andere den
Kopf drüber zerbrochen.

Das willst du nicht wirklich wissen.

Da streiten sich noch die Gelehrten.

Das ist hypothetisch.

Wüsste ich auch gern.

Ich sage nix mehr ohne meinen Anwalt.

Das verstehst du nicht.

Das steht in den Sternen.

Woher soll ich das wissen?

Die Frage stellt sich für mich gar nicht!

Kann ich nicht beurteilen,
weil ich selbst ein Mann bin.

Ab jetzt müssen wir einfach auf Gott vertrauen.

Man darf nix erzwingen.

Das darf ich dir nicht sagen.

*

*   Kann ich nicht beurteilen, weil
ich selbst ein Mann bin.

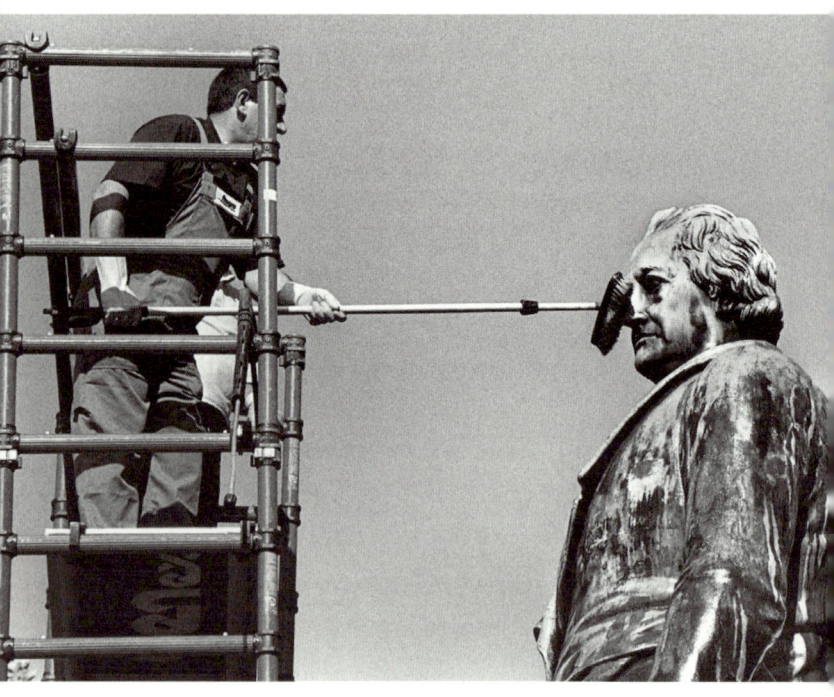

Wo viel Licht ist, ist auch viel Schatten.

(Johann Wolfgang von Goethe)

Das kannst du halten wie ein Dachdecker.

Da darfst du mich nicht fragen.

Das hab ich nicht zu entscheiden.

Wir sollten das Fell nicht verteilen,
bevor der Bär erlegt ist.

Das haben wir nicht in der Hand.

Da mischt man sich nicht ein.

Jeder nach seiner Fasson.

Da möchte ich keine Vermutungen anstellen.

Da kann ich leider nicht unbefangen antworten.

Ich rede nicht über ungelegte Eier.

Erstens kommt es anders und zweitens
als man denkt.

Das tut doch nix zur Sache.

Da kräht in ein paar Wochen kein Hahn
mehr danach.

Sicher ist nur der Tod.

Du musst aufhören, dir diese Frage zu stellen.

Dreh dich jetzt mal nicht gleich um, aber woher kenn ich denn die Frau hinter dir?

Was?

Schon elf Uhr?

»Aha.«

**Wie Sie antworten,
wenn Sie mal nicht antworten wollen**

Darum.

Muss ja.

Vielleicht.

Möglich.

Sag bloß.

Und jetzt?

Na ja.

Ja, nein.

(Vicco von Bülow)

So ähnlich.

Mag sein.

Teils teils.

Ja mei.

Verrückt.

Weiß auch nicht.

Immerhin.

Aha.

Och.

Warum?

Soso.

Na hör mal.

Tja.

Hmm!

Egal.

Also!

Prost!

Die Autoren:

Elias Hauck, Dominik Bauer (beide geboren 1978, Alzenau) und Michael Tetzlaff (geboren 1973, Eisenberg/Thüringen) fragen einander nur noch selten etwas, da sie sich die Antworten schon denken können.

Zum Weiterlesen:

Hauck & Bauer (www.hauckundbauer.de): »Hier entsteht für Sie eine neue Sackgasse«, Kunstmann 2010

Michael Tetzlaff: »Ostblöckchen. Eine Kindheit in der Zone«, Piper 2004

Fotonachweis:
Albert Einstein: picture alliance / Everett Collection
Franz Beckenbauer: picture-alliance / Sven Simon
Aristoteteles: Bertolt Steinhilber / laif
Johannes B. Kerner: picture-alliance
Peter Alexander: picture-alliance
Fettes Brot: picture-alliance / Jazz Archiv
Louis de Funes: picture-alliance / Mary Evans Picture Library
Stepanovic: picture-alliance / dpa
Goethe: picture-alliance / dpa
Loriot: picture-alliance / dpa

© Verlag Antje Kunstmann GmbH, München 2011
Typografie & Satz: Schuster & Junge, München
Druck & Bindung: CPI - Clausen und Bosse, Leck
ISBN 978-3-88897-739-8